BLUE OCEAN STRATEGIE CONCEPT

Succes bereiken door innovatie en de concurrentie irrelevant maken

BLUE OCEAN STRATEGIE CONCEPT

Succes bereiken door innovatie en de concurrentie irrelevant maken

geschreven door Pierre Pichère
vertaald door Nikki Claes

BLUE OCEAN STRATEGIE CONCEPT

BELANGRIJKE INFORMATIE

* **Naam:** Blue Ocean Strategy.

* **Toepassingen:** Zakelijk, marketing en innovatie.

* **Waarom is het succesvol?** Het verwijdert het bedrijf van de concurrentie, garandeert prestaties en kan aan elke sector worden aangepast.

* **Trefwoorden:** Blauwe oceaan, rode oceaan, strategie, innovatie, creëren van nieuwe strategische ruimten, concurrentie, bedrijfsleven.

  o <u>W. Chan Kim</u> (geboren in 1952) is lid van het World Economic Forum in Davos en wordt door de Harvard Business Review beschouwd als een van de meest invloedrijke denkers op het gebied van management en bedrijfsleven. Hij leidt samen met Renée Mauborgne het Blue Ocean Strategy Institute van INSEAD (Europees Instituut voor Bedrijfskunde), waar hij ook als professor werkzaam is.

  o <u>Renée Mauborgne</u> (geboren in 1963) is een gerenommeerd professor strategie en mededirecteur van het Blue Ocean Strategy Institute. In 2013 werd ze uitgeroepen tot een van de vijf beste professoren van MBA-programma's en een jaar later ontving ze de Carl S. Sloane Award for Excellence, toegekend door de Association of Management Consultancy Firms voor uitmuntendheid in onderzoek.

INLEIDING

In de huidige snelle internationale bedrijfsomgeving wordt creativiteit de sleutel tot langetermijnprestaties. De behoefte aan nieuwe perspectieven in het innovatiebeleid van bedrijven leidt tot baanbrekende ideeën. De strategie van de blauwe oceaan illustreert dit perfect.

Geschiedenis

Deze strategie, in 2005 uiteengezet door W. Chan Kim en Renée Mauborgne in hun boek *Blue Ocean Strategy: How to Create Uncontested Market Space and Make the Competition Irrelevant* (vertaald in 43 verschillende talen met wereldwijd 3,5 miljoen verkochte exemplaren), zet de theoretische grondslagen van strategische bedrijfsinnovatie op zijn kop. Het moedigt alle economische belanghebbenden aan om hetzelfde te doen - met creatieve innovaties die "disruptives" worden genoemd - door te investeren in technologie, nieuwe markten te veroveren of zelfs samen te werken met andere sociaal-economische belanghebbenden.

Deze strategie komt voort uit een reeks studies en sluit aan bij een aantal andere onderzoeken, met name die van de architect Clayton Christensen (geboren in 1952) en Michael Raynor (geboren in 1967), directeur bij Deloitte Services LP. Het stelt een aantal hulpmiddelen voor om een systematisch innovatieproces tot stand te brengen.

In 2007 werd het Blue Ocean Strategy Institute geopend, op de campus Fontainebleu van INSEAD, om het concept verder uit te diepen. Dankzij hun boek hebben de twee auteurs talloze prijzen gewonnen en internationale erkenning gekregen, zowel in de bedrijfswereld als in de marketingwereld.

Definitie van het model

Het Blue Ocean-model herdefinieert de klassieke manier om ontwikkelingsstrategieën weer te geven. Ook Igor Ansoff (1918-2002), in een van de eerste publicaties over bedrijfsstrategie, *Corporate Strategy* (1965), en Michael E. Porter (geboren in 1947), met zijn vijfkrachtenmodel voor concurrentie en waardeketens, maken deel uit van deze herbezinning op bedrijfsstrategie. Hun modellen worden vandaag de dag nog steeds gebruikt in een aantal sectoren.

Kim en Mauborgne onderscheiden twee soorten markten waarop economische actoren actief zijn:

- De markten die **"rode oceanen" worden genoemd**, zijn verzadigde markten. Kansen op groei zijn schaars omdat er zoveel belanghebbenden bij betrokken zijn, die een felle strijd voeren om hun marktaandeel te vergroten. De kleur rood verwijst naar de concurrentie, maar ook naar de leveranciers, klanten en inkoopadviseurs die hun eigen marges en marktaandelen of andere winstgevendheidsmaatregelen willen maximaliseren (soms ten koste van uitbesteding, fusies, faillissement, enz.)

- De markten die **"blauwe oceanen"** worden genoemd, vertegenwoordigen nieuwe domeinen waar bedrijven zich alleen kunnen ontwikkelen, met zeer weinig (of geen) concurrentie, dankzij radicale innovatie. Dit concept verandert de structuur van de markt door een oneindige hoeveelheid (of "oceaan") nieuwe vraag te creëren. Dit wordt door de auteurs "waarde-innovatie" of, ruimer, "nuttige innovatie" genoemd.

De strategie van de blauwe oceaan onderscheidt zich duidelijk van de klassieke benaderingen die gericht zijn op differentiatie door kwaliteit, kostenleiderschap of concentratie, en moedigt bedrijven aan zich los te maken van de bestaande parameters van vraag en aanbod en andere omgevingen te verkennen waar zij nieuwe waarde kunnen toevoegen en zo een leidende positie kunnen verwerven.

DE THEORIE ACHTER HET CONCEPT

Door onderscheid te maken tussen rode en blauwe oceanen stellen Kim en Mauborgne een analyse voor waarin strategie, marketing en innovatie samenkomen.

RODE OCEANEN VS. BLAUWE OCEANEN

De analyse van de levenscyclus van een product, die zijn oorsprong vindt in de marketing, is een klassieke methode: na de lancering volgt groei, gevolgd door rijpheid en vervolgens achteruitgang. Deze redenering houdt rekening met het verkoopvolume en de levensduur van het product (hoe sneller de innovatie, hoe korter de levenscyclus van het product).

Maar hoe zit het met de huidige en potentiële winstgevendheid? Dit hangt af van de concurrentie, die de prijzen bepaalt, maar ook van het vermogen van de onderneming om haar eigen kostprijzen te beheren en penetratiestrategieën te ontwikkelen, waardoor een sterke marktdekking wordt gegarandeerd. Een product dat zich nog in de "groeifase" bevindt, wordt vaak door talrijke verkopers op de markt gebracht. Dan begint de race om de prijzen te verlagen. Dit is precies wat Kim en Mauborgne een "rode oceaan" noemen - een bekende strategische ruimte waar belanghebbenden de parameters aanvaarden en elkaar fel beconcurreren.

Het is al duidelijk dat een eenvoudige toepassing van deze typologie leidt tot strategische keuzes inzake productaanbod en financieel evenwicht in termen van winstgevendheid en groei op korte, middellange en lange termijn.

In de moderne economische context is er sprake van een toenemend aantal rode oceanen, aangezien de meeste producten zich op volwassen markten bevinden. Bovendien stimuleert de internationale openheid van bijna elke markt een toenemend aantal belanghebbenden, wat enige concurrentie met zich meebrengt, en wordt dit nauwelijks gecompenseerd door het verschijnen van nieuwe economische sectoren als gevolg van de technologische vooruitgang. Kim en Mauborgne wijzen erop dat de traditionele bedrijfstheorie besluitvormers helpt te overleven in een rode oceaan: concentratie op de kernactiviteiten, uitbesteding om de kostprijs te verlagen, enz.

Blue ocean-strategie moedigt belanghebbenden aan om de rode oceanen, die niet genoeg waarde creëren, te verlaten en over te stappen op blauwe oceanen. In deze nieuwe strategische ruimten kan elk bedrijf zich alleen ontwikkelen en wordt het, althans een tijd lang, niet beperkt door buitensporige concurrentie en prijsoorlogen.

OMSCHAKELEN VAN OCEANEN MET BEHULP VAN WAARDE-INNOVATIE

De sleutel tot de overgang van een rode naar een blauwe oceaan is innovatie. Innovatie puur op basis van technologie is echter niet voldoende. Kim en Mauborgne noemen het proces van radicale splitsing dat leidt tot een blauwe oceaan 'waarde-innovatie'. Dit concept werkt zowel voor bedrijven die op zoek zijn naar economische prestaties, als voor de klanten die tevreden moeten worden gesteld.

De door de twee auteurs beschreven innovatie vereist uiteraard de deelname van de economische actoren en verschilt aldus van de traditionele neoklassieke benadering, die innovatie als een externe aangelegenheid beschouwt. Het is een vrijwillige stap van de onderneming, die haar hele aanpak zal moeten herzien, wil de overgang succesvol zijn. In dit opzicht wordt zij gestuurd door de economische actoren zelf. Deze benadering van innovatie gaat helemaal terug tot Jean-Baptiste Say (journalist en econoom, 1767-1832) en wordt vandaag voortgezet door een reeks economen met heel andere ideeën, zoals Karl Marx (1818-1883) en Joseph Schumpeter (1883-1950).

De naam "waarde-innovatie" weerspiegelt het doel van de blauwe oceaan: meer waarde creëren, zowel voor de consument, die op zijn beurt nieuwe klanten zal aantrekken, als voor de onderneming, waar de prijsstructuren grondig zullen worden geherdefinieerd met het doel de marktparameters te verschuiven.

VOLLEDIGE HEREVALUATIE

De ontwikkeling van een "blauwe oceaan" strategie vereist een heronderzoek van alle basisprincipes van een bepaalde markt, die in marktstudies worden beschreven door een analyse van de bestaande structuur.

- Als een product voornamelijk door mannen wordt gekocht, hoe kan het dan aantrekkelijk worden gemaakt voor vrouwen?

- Als de distributie uitsluitend via derden verloopt, is het dan mogelijk de eindgebruiker rechtstreeks te benaderen?

- Als het alleen door deskundigen wordt gebruikt, is er dan een manier om het populair te maken?

Innovatie betekent dus geen prijsverhoging, wat vaak het geval is bij innovaties op basis van technologie. Het herpositioneren van een product op de markt door het publiek te verbreden kan leiden tot een aanzienlijke stijging van het aantal verkochte eenheden, waardoor de prijs vervolgens daalt door de vaste kosten te delen. Bovendien kan het heroverwegen van de gebruiksmogelijkheden van een product het mogelijk maken bepaalde opties of kenmerken die voorheen essentieel werden geacht te schrappen, waardoor de uiteindelijke prijs daalt. Een "blauwe oceaan"-strategie leidt echter niet automatisch tot een prijsverlaging, ook al is dat vaak het geval. Denk bijvoorbeeld aan hoe pc's de mainframes uit het verleden hebben verdrongen, of hoe onze smartphones steeds meer vaste lijnen vervangen.

UITSLUITEN, VERSTERKEN, VERMINDEREN EN CREËREN

Blue ocean strategie houdt in "het verplaatsen van de cursor". Zodra de parameters van de markt van de onderneming zijn vastgesteld, moet worden bepaald wat moet worden versterkt, wat moet worden verminderd, wat moet worden uitgesloten en ten slotte wat moet worden gecreëerd (hoewel deze laatste factor aanvankelijk niet in de lijst was opgenomen).

Deze aanpak kan worden geïllustreerd met een voorbeeld uit de auto-industrie. In 1998 kondigde Louis Schweitzer, toenmalig eigenaar van Renault, een radicale innovatie voor de automarkt aan: een goedkope auto. Deze onderneming leidde tot de creatie van het model Logan. Het voertuig was aanvankelijk bedoeld voor markten in Oost-Europa, maar kende ook succes in Frankrijk, dat het eerste land werd dat de Logan, die in de fabrieken van Automobile Dacia in Roemenië werd geproduceerd, invoerde.

Dit succes kwam voort uit een strategie van herdefiniering van het model. Over het algemeen was er in de auto-industrie sprake van een race naar het "beste": grotere voertuigen, meer comfort, meer veiligheid, meer voorzieningen en dus hogere prijzen. Door de synergieën tussen verschillende voertuigen in de in 1999 aangekochte fabrieken van Automobile Dacia te optimaliseren en af te stappen van het idee van een luxe voertuig, ontdekte Renault het geheim van het succes. De Logan werd op de markt gebracht voor 4500 euro in de opkomende economieën en 7500 euro in Frankrijk, waar de consument zo weinig mogelijk opties wilde.

Lage kosten betekenen echter geen kwaliteit. Hoewel hij geen notenhouten dashboard heeft, is de Logan uiterst robuust, omdat hij zich richt op markten waar de wegomstandigheden vaak verre van ideaal zijn of waar het onderhoud van voertuigen veel minder ontwikkeld is dan in westerse landen.

Evenzo brak Renault met het verleden door hun minder dure auto's niet te beperken tot kleine stadsmodellen (zoals de Twingo uit de jaren negentig of de Smart). Met de Logan bood Renault een gezinsauto met veel ruimte binnenin en een grote kofferbak.

Door zijn strategie te herdefiniëren, trok Renault meer klanten aan dan verwacht: de Logan bereikte niet alleen zijn doelmarkt in de opkomende economieën, maar sprak ook Franse consumenten aan die vanwege hun krappe budget anders tweedehands hadden moeten kopen. De low-cost auto veroverde het deel van de markt dat niet zozeer op het uiterlijk van de auto let, maar vooral op een goed evenwicht tussen kwaliteit en prijs.

GRENZEN EN UITBREIDINGEN VAN HET MODEL

De wetenschappelijke nauwkeurigheid van blue ocean strategy lijkt op sommige punten twijfelachtig, en sommigen menen dat het beter zou zijn het te zien als een aantrekkelijke manier om de successen van bepaalde bedrijven in perspectief te plaatsen. Daarnaast is er een vrijwel oneindig aantal andere theorieën die erop gericht zijn de strategieën van succesvolle bedrijven te begrijpen, zoals het beroemde boek van Thomas J. Peters uit 1982, *In Search of Excellence*.

BLUE OCEAN STRATEGY: EERDER EEN LEIDRAAD DAN EEN REVOLUTIONAIRE METHODE?

Blue Ocean Strategy is niet zonder critici. Hoewel het een groot aantal voorbeelden uit alle sectoren van de economie biedt, waardoor het gemakkelijk te lezen is, zien sommigen dit brede scala aan referenties als een indicatie van de relatieve zwakte van de theorie. Anderen wijzen ook op de deductieve aanpak van Kim en Mauborgne, die volgens deze kritiek een reeks spectaculaire successen als uitgangspunt namen en vervolgens zochten naar een algemeen idee dat al deze successen zou omvatten. In deze interpretatie is blue ocean strategy eerder een retrospectieve lezing dan een innovatieve en effectieve methode om een creatieve benadering van de markt te ontwikkelen, hoewel de auteurs wel stappen aanbevelen om van een rode oceaan naar een blauwe oceaan te gaan. Zo kan elk zakelijk succes worden geïnterpreteerd als de toepassing, al dan niet bewust, van blue ocean strategy. De voorbeelden uit de geschiedenis van het bedrijfsleven, gaande van Henry Ford (Amerikaanse fabrikant, 1863-1947) tot Guy Laliberté (oprichter van Cirque du Soleil, geboren in 1959), lijken tot die conclusie te leiden, aangezien mensen deze methode in het verleden hebben toegepast zonder het te weten.

Vanuit sociaal-wetenschappelijk oogpunt ontbreekt het aan samenhang tussen de voorbeelden, waardoor de in het boek gemaakte vergelijkingen wetenschappelijk twijfelachtig zijn. Waren de uitgangspunten voor elk van de verschillende bedrijven die als voorbeeld worden gebruikt gelijk? Bovendien wordt de initiële situatie van de rode oceaan niet beschreven in het boek, aangezien er geen relatief of absoluut aantal spelers op een markt is of criteria in termen van concurrentie die aangeven dat een bedrijf zich in een rode oceaan begeeft. Ook de blauwe oceaan is nauwelijks meetbaar, wat desastreuze gevolgen kan hebben als een bedrijf in het onbekende stapt door te kiezen voor innovatie zonder te weten of dit door klanten zal worden geaccepteerd en gesteund.

Waarde-innovatie, die de kern vormt van de door de auteurs aanbevolen strategie, is onvoldoende gedefinieerd, waardoor het moeilijker wordt om er een nieuw concept van te maken. De voorbeelden zelf tonen dit zwakke punt aan. Zij zijn ontleend aan verschillende gebieden, namelijk marketing, verpakking en reclame, bedrijfsorganisatie en technologische en wetenschappelijke innovatie. Waarde-innovatie zou dus kunnen worden samengevat als een combinatie van toegevoegde waarde voor het bedrijf en lagere prijzen voor de klant. De vraag of dit een gevolg is van technologische innovatie of van een betere marktpositionering blijft echter onbeantwoord. Het effect van waarde-innovatie lijkt onduidelijk, aangezien dit concept zowel een revolutie op productniveau als de invoering van een effectievere communicatie met de consument kan omvatten.

Sommige critici hebben ook bedenkingen bij de methode zelf. Volgens deze gedachtegang maakt blue ocean strategy, door zich te baseren op een gedetailleerde interpretatie van de waardecurve, geen doorbraakinnovaties mogelijk, maar leidt zij slechts tot incrementele innovaties, d.w.z. de verbetering van bestaande producten of processen. De aanpak van Kim en Mauborgne is toch gebaseerd op het gebruik van wat al bestaat om iets nieuws te bedenken, terwijl radicale innovatie alleen kan plaatsvinden als bedrijven volledig afstand nemen van de huidige situatie. Zoals we later zullen zien, halen de twee auteurs veel inspiratie uit de bestaande en potentiële klanten van bedrijven om het nieuwe aanbod te bedenken. Sommige innovaties, met name de meest radicale, worden echter met scepsis ontvangen. Innovatie krijgt toch niet altijd onmiddellijk de goedkeuring van het publiek. De innovatieadviseur Benoît Sarazin (een specialist in "marketing van het onzekere") wijst er in zijn kritiek op de "blauwe oceaan"-strategie op dat Nestlé er 15 jaar over heeft gedaan om Nespresso te doen aanslaan en dat Guy Laliberté niet onmiddellijk succes had met Cirque du Soleil. De methode is dus geen onfeilbaar recept voor succes.

INNOVATIE, VAN DE ECONOMIE TOT HET BEDRIJFSLEVEN: VERWANTE MODELLEN

Hoewel zij de theorie van innovatie willen perfectioneren, treden Kim en Mauborgne onmiskenbaar in de voetsporen van Joseph Schumpeter (1883-1950), de denker achter het concept van creatieve vernietiging. Deze econoom behandelde alle aspecten van innovatie, zowel in termen van bedrijfsorganisatie voor werk en productie als in termen van marktkansen voor producten. Op soortgelijke wijze leidt de blue ocean-strategie tot de vernietiging (of althans de inkrimping) van oude, volwassen markten ten gunste van nieuw gecreëerde markten. Naast de reeds genoemde theorie van de productlevenscyclus kunnen we ook kijken naar het risico van kannibalisatie. Dit kan leiden tot een vermindering van de verkoop of het marktaandeel van bestaande producten, ongeacht de sector van activiteit: het is dus van essentieel belang te beoordelen of de door het nieuwe product gegenereerde winst groter zal zijn dan de potentiële verliezen op bestaande producten. De onderneming concurreert in wezen met zichzelf. Deze kannibalisatie kan echter een goede strategie blijken te zijn voor een uitbreiding van het merk (bijvoorbeeld Marlboro), omdat het bedrijf zo een nieuwe markt kan betreden en daarvan kan profiteren. In dit scenario kunnen we een glimp opvangen van de droom van de blauwe oceaan.

Rode en blauwe oceaan doen denken aan de concepten van gevestigde en ontwrichtende innovatie die Michael E. Raynor en Clayton M. Christensen naar voren brachten in hun eerste boek *The Innovator's Dilemma: When New Technologies Cause Great Firms to Fail* (1997). Volgens hen verbetert gevestigde innovatie bestaande producten, terwijl ontwrichtende innovatie de concurrentie uitschakelt door een nieuwe markt te creëren. Deze aanpak sluit goed aan bij die van de blauwe oceaanstrategie. Incumbent innovation komt overeen met inspanningen van economische belanghebbenden om te overleven in een rode oceaan, terwijl disruptive innovation lijkt op de positieve gevolgen voor bedrijven die de blauwe oceaan hebben bereikt.

TOEPASSING

Blue ocean-strategie is een strategische methode die verschillende stappen omvat.

ADVIES EN BESTE PRAKTIJKEN

Zes vragen voor een blauwe oceaan

Kim en Mauborgne stellen zes centrale vragen vast in verband met de totstandbrenging van een strategie voor de blauwe oceaan.

* **Welke alternatieven zijn er op de markt?** Dit betekent dat de klant zijn standpunt moet innemen om de beschikbare opties te bepalen. Twee verschillende producten, waarvan de producenten denken dat ze volledig onafhankelijk zijn, kunnen met elkaar concurreren als gevolg van de koopintenties van de klant. Zo zijn vakanties en werkzaamheden aan het huis ogenschijnlijk niet met elkaar verbonden uitgaven die niettemin op elkaar inwerken: het jaar waarin een gezin een kamer in huis opknapt, zal het vrijwel zeker minder uitgeven aan een zomervakantie.

* **Wat zijn de belangen van de betrokken strategische groepen?** Het gaat erom de fundamentele belangen van de verschillende betrokken strategische groepen te prioriteren. Over het algemeen zijn dat er twee: prijs en prestaties.

- **Hoe is de keten van kopers en gebruikers opgebouwd?** Sommige bedrijven verkopen rechtstreeks aan gebruikers, andere via derden. Het doorbreken van deze keten kan de manier zijn om een blauwe oceaan te bereiken. Dit is wat Nespresso heeft gedaan door zijn eigen lijn van winkels in het hogere segment op te zetten in plaats van zijn koffiepads via traditionele netwerken (grote levensmiddelenwinkels) te verkopen.

- **Wat zijn de producten en complementaire diensten?** Deze vraag is belangrijk omdat zij bedrijven in staat stelt succesvolle strategische sequencing toe te passen door de sequentie als geheel te beschouwen. Het succes van Apple in het begin van de jaren 2000 was te danken aan de erkenning dat inhoud (vooral digitale downloads) een essentieel aanbod was naast zijn producten (iPod, enz.).

- **Wat is de functionele of emotionele inhoud van de sector?** Waarde toevoegen of, omgekeerd, een product van zijn overdreven symbolische gewicht ontdoen, maakt deel uit van de zoektocht naar een blauwe oceaan. Nespresso, dat erin slaagde zijn koffiepads luxueus te doen lijken, is hiervan een belangrijk voorbeeld.

- **Welke belangrijke trends bepalen het gedrag van de consument?** De bescherming van het milieu en de zoektocht naar persoonlijke ontplooiing zijn belangrijke trends in de hedendaagse samenleving, waardoor ze een essentiële inspiratiebron vormen bij het bedenken van producten en diensten voor de blauwe oceaan.

Stimulering en creativiteit: een pad in 4 stappen

Kim en Mauborgne stellen vervolgens een methode voor om blue ocean strategie toe te passen binnen een bedrijf. Zij onderscheiden vier belangrijke stappen:

- **Visueel ontwaken houdt** in dat de waardecurve wordt ontworpen. Voor elk criterium waaruit het aanbod bestaat, zet het bedrijf zijn zwakke en sterke punten uit ten opzichte van de concurrentie. Deze eerste stap dient vooral om een consensus te creëren tussen de teams in de onderneming door de noodzaak van verandering te benadrukken om waarde te creëren. Het positioneert het bedrijf ook ten opzichte van zijn concurrenten. Is de differentiatie uitgesproken of onbestaande? Het pad dat de twee curven volgen zal dit duidelijk maken.

- **Visuele verkenning houdt** in dat men het terrein opgaat om het te ontwikkelen innovatieve potentieel te beoordelen. Een bedrijf kan geen impact hebben op een markt als het zijn consumenten niet kent. Het regelmatig raadplegen van klanten is essentieel, maar niet voldoende. De klant is niet noodzakelijkerwijs de gebruiker van het product. Aangezien de blue ocean-strategie erop gericht is het bestaande klantenbestand uit te breiden, is het ook de moeite waard om met niet-verwante klanten te praten om hun gewoonten en verwachtingen te leren kennen.

- **Visuele strategiebeurzen**, georganiseerd tussen leden van de onderneming en externe deelnemers (klanten, doelklanten, partners, enz.), maken het mogelijk de relevantie van de aanbiedingscriteria te evalueren. Het doel is een strategie op te bouwen op basis van andere zaken dan intuïtie en interne obstakels, zoals weerstand tegen verandering, te overwinnen.

- **Visuele communicatie** gebeurt zodra de strategie is bepaald. Het hele team moet worden betrokken bij de revolutie van het bedrijf. Net zoals het begrip van de bestaande grenzen visueel werd gemaakt door de waardecurve, vraagt ook deze fase om een diagram. Dit maakt het gemakkelijker om de nieuwe doelstellingen te visualiseren en om iedereen, ongeacht hun niveau in de hiërarchie, te laten instemmen met de blue ocean-strategie.

Producten voor pioniers, migranten en kolonisten

Van de door Kim en Mauborgne voorgestelde instrumenten is een analyse van de producten van de onderneming nuttig gebleken voor het uitstippelen van een strategie. De auteurs suggereren dat producten in drie categorieën kunnen worden ingedeeld:

- **Settlers** zijn de producten die de industrienormen volgen. Deze producten of diensten voldoen aan de meest actuele waardecurve en hun toekomstperspectieven zijn zeer beperkt in onze snel evoluerende markten. Zij behoren tot de rode oceaan.

- **Pioniers** zijn de producten die een ongekende waarde creëren. Voor de komende jaren worden massaconsumptie en sterke groei verwacht. Zij belichamen de blauwe oceaan.

- **Migratoren** zitten tussen de twee vorige categorieën in. Hoewel zij waarde toevoegen voor de klant en het bedrijf, zijn zij niet innovatief genoeg om permanent in de blauwe oceaan te blijven.

Nieuwe klanten bereiken

Het aantrekken van nieuwe klanten vormt de kern van de blue ocean-strategie. Om in een rode oceaan te overleven, worden bedrijven gedreven om het marktaandeel van hun concurrenten te verkleinen. Maar hoewel klanten van het ene bedrijf naar het andere overstappen, blijft de omvang van de markt onveranderd. Omgekeerd streeft de blue ocean-strategie ernaar de markt uit te breiden door de grenzen ervan te verleggen, dankzij de opname van klanten uit categorieën die tot nu toe dit type product niet kochten of dit type dienst niet gebruikten.

Er zijn drie verschillende soorten niet-klanten:

- **De "toekomstige" niet-klanten** kopen soms de door het bedrijf aangeboden goederen of diensten, maar wachten op een beter aanbod. Hoe meer dat er zijn, hoe kwetsbaarder de markt. Zo trekt de Britse voedselketen Prêt à Manger een professionele klantenkring aan die voorheen naar traditionele restaurants ging omdat er niets beters beschikbaar was.

- **"Weigerachtige" niet-klanten**, ook bekend als "afwijzende niet-klanten" (Kotler en Keller, 2006), maken nooit gebruik van de producten of diensten van de bestudeerde markt, misschien omdat ze ertegen zijn of omdat ze zich die niet kunnen veroorloven. Mensen die in stadscentra wonen, staan bijvoorbeeld niet open voor voertuigen van het type 4x4 omdat die de reputatie hebben erg vervuilend te zijn en moeilijk te parkeren in steden.

- **Onontgonnen" niet-klanten** zijn niet onmiddellijk betrokken bij deze markt omdat de besluitvormers nooit de moeite hebben genomen zich op hen te richten. Toch zouden zij potentiële klanten kunnen zijn.

CASESTUDY: DE WII, NINTENDO'S BLAUWE OCEAAN

In 2006 lanceerde Nintendo de Wii. Deze spelcomputer maakte een snelle groei door die het bedrijf een aantal jaren aanzienlijke winsten opleverde. Hoewel de verkoop van de console zeer goed was, was het succes het duidelijkst bij de videospellen zelf. Van Wii Sports zijn meer dan 80 miljoen exemplaren verkocht, veel meer dan van zijn concurrenten. De aanpak van Nintendo kan worden omschreven als een "blauwe oceaan"-strategie, omdat deze grote veranderingen in de technologie teweegbracht en ook het prijsbeleid en de grenzen van de markt opnieuw bepaalde.

De Wii volgens de zes vragen van blue ocean strategy

- **Welke alternatieven zijn er op de markt?** In plaats van zich te positioneren ten opzichte van zijn concurrenten op de markt voor videospelletjes, interesseerde

Nintendo zich voor de vrijetijdsbesteding van de bevolking. Aangezien artistieke en creatieve activiteiten en gezondheid en fitness sinds de jaren 2000 belangrijke sectoren zijn, besloot de onderneming een eigen markt te creëren. Daartoe combineerde het zijn expertise in spelconsoles met de ontwikkeling van nieuwe toepassingen: sporten (van het spel Wii Sports zijn meer dan 80 miljoen exemplaren verkocht), dansen, fit blijven, muziek maken, enz. Al deze virtuele activiteiten zijn mogelijk dankzij de Wii-technologie, die gebaseerd is op de detectie van bewegingen in plaats van de traditionele joystick.

- **Wat zijn de belangen van de betrokken strategische groepen? Qua** prijs werd de Wii gepositioneerd onder zijn belangrijkste concurrenten, die geleidelijk in het gareel moesten lopen. Door deze strategie werd de markt voor videospelletjes verbreed en werd een ouder en minder gebonden publiek aangesproken. Het product is weliswaar vernieuwend wat de functionaliteit betreft, maar de kwaliteit van bepaalde onderdelen is lager dan die van zijn concurrenten, de PS3 en de Xbox. Deze verlaging van de normen verlaagt de prijzen door een lichte beperking van de technologische mogelijkheden, die minder belangrijk zijn voor een console die is gemaakt voor alle leeftijden, met spelletjes die minder gericht zijn op snelheid en hoge resolutie.

- **Hoe is de keten van kopers en gebruikers opgebouwd?** Als videogamebedrijf sinds zijn oprichting aan het eind van de [19e] eeuw heeft Nintendo ervoor gekozen zich rechtstreeks tot zijn gebruikers te richten, zonder tussenkomst van een derde partij, om de voor de Wii beschikbare spellen te verkopen. Een dergelijke ontwikkeling is mogelijk nu het gebruik van internet veel meer ingang heeft gevonden. In 2006, tegelijk met de lancering van zijn revolutionaire spelsysteem, ontwikkelde Nintendo ook de Wii Shop, waarmee gebruikers loyaliteitspunten konden verdienen via hun spelaankopen.

- **Wat zijn de producten en aanvullende diensten?** Twee complementaire producten hebben bijgedragen tot het succes van de Wii: accessoires en spelletjes. De Wiimote, een afstandsbediening voor de Wii, communiceert met het systeem via Bluetooth. Hij is uitgerust met een versnellingsmeter en geeft de bewegingen van de speler door aan het systeem: sprongen, zijwaartse bewegingen, draaiingen, enz. Later verschenen andere accessoires, waaronder een microfoon en een tekentablet, waarmee gebruikers bordspellen zoals Pictionary op de console kunnen spelen, en zo de gezinsmarkt aanspreken. Nintendo heeft er natuurlijk voor gezorgd dat de populairdere Wii-producten, zoals Mario Bros. en Zelda, werden verkocht. Tot slot, wat centraal staat in het succes, kunnen hartslagmeters en het Wii balance board, dat voetbewegingen herkent, het huis van de speler veranderen in een sportschool, met het systeem als instructeur. Dit plaatst de console halverwege tussen gaming en fitness.

- **Wat is de functionele of emotionele inhoud van de sector?** Videospelletjes hebben zowel een technologische als een culturele inhoud. De ontwikkelingen sinds de eerste consoles in de jaren zeventig zijn enorm en zeer snel geweest. De Wii is reeds vervangen door andere producten. De ontwikkeling lijkt op die van computers: van grote centrale eenheden naar draagbare apparaten en tablets met aanraakschermen. Het videospel heeft echter ook een culturele weerklank: zo zijn de eerste spellen, waarvan vele door Nintendo werden geproduceerd, referentiepunten geworden voor de generatie die in de jaren tachtig opgroeide. De werelden van Space Invader, Mario Bros. of Zelda maken integraal deel uit van de collectieve verbeelding. Meer hedendaagse spellen creëren gemeenschappen van gamers die informatie uitwisselen en virtuele relaties aangaan. Nintendo wist deze sterke culturele dimensie te behouden met zijn Wii-spellen, maar stapte af van deze tech-cultuur om zijn aanbod te verbreden. Spelers van in de zestig voelen zich dan ook niet nostalgisch en missen de wereld van Super Mario. Om hen aan te moedigen een spelconsole te kopen, is het nodig alternatieve perspectieven te bieden en meer nadruk te leggen op functionaliteit dan op technologie. De navigatie en het display van de Wii zijn aanzienlijk vereenvoudigd, waardoor de gebruiker op zijn gemak wordt gesteld, ongeacht zijn technologische kennis.

- **Welke hoofdtrends bepalen het consumentengedrag?** Met de spelletjes die voor de Wii worden aangeboden, heeft Nintendo de belangrijkste trends in de westerse samenlevingen weten te vangen. De vergrijzing van de samenleving, die in Japan meer uitgesproken is dan elders, inspireerde de ontwikkeling van deze console, die universeler is dan zijn concurrenten. Ook het hersentrainingsprogramma van Dr. Kawashima (geboren in 1959) kent een aanzienlijk succes, gedreven door de vraag van oudere klanten. Persoonlijke ontwikkeling en zelfexpressie door middel van creativiteit en het lichaam zijn beide belangrijke aspiraties in de hedendaagse maatschappij. De Wii wist jarenlang op deze trends in te spelen door een nieuw product aan te bieden dat de klant meer waarde bood – een spelconsole waarmee gebruikers lichamelijk en geestelijk fit kunnen blijven – met lage productiekosten. Op die manier kon Nintendo winst maken met de Wii, en niet alleen via de verkoop van spelletjes. Ondertussen waren sommige van zijn concurrenten minder succesvol en werden zij gedwongen hun consoles met verlies te verkopen en hun achterstand in te halen door middel van aanverwante producten en diensten.

De Wii en zijn drie soorten niet-klanten

Het succes van de Wii is het resultaat van een uitstekende analyse van niet-klanten die de grenzen van de markt verleggen. Nintendo had genoegen kunnen nemen met de strijd om een technologisch of kostenvoordeel te verwerven en te behouden, waardoor het zijn marktaandeel had kunnen vergroten. Deze voorsprong zou echter waarschijnlijk slechts tijdelijk zijn geweest, aangezien concurrenten snel zouden hebben gereageerd. Daarom streefde Nintendo niet naar "toekomstige" niet-klanten, dat wil zeggen klanten die van de ene naar de andere leverancier kunnen overstappen, afhankelijk van de producten en diensten die deze aanbiedt.

Nintendo is erin geslaagd de "weigerende" klanten aan te trekken, ook al zorgen videospelletjes, net als televisie enkele jaren geleden, voor controverse. Ze worden ervan beschuldigd verslaving bij jongeren te creëren en hen te laten wennen aan extreem geweld. Het is echter moeilijk om deze kritiek uit te oefenen op Wii Sports, waarmee gebruikers in hun huiskamer kunnen tennissen of bowlen. Van dit spel zijn 80 miljoen exemplaren verkocht, waarmee het het meest gekochte videospel in de geschiedenis is en zelfs Super Mario Bros. overtreft, waarvan slechts 40 miljoen exemplaren zijn verkocht.

Ten slotte trok Nintendo "onontgonnen" klanten aan, die de wereld van de spelletjes nog nooit hadden verkend. Gebruikers die niet bijzonder gepassioneerd zijn door graphics of technologie, waaronder volwassenen en ouderen, vonden in de Wii iets om zich te ontspannen en te vermaken. Dit fenomeen zou enkele jaren eerder ondenkbaar hebben geleken.

In 2012 probeerde Nintendo zijn prestatie te herhalen door de Wii U te lanceren, die de Wii moest opvolgen. Helaas blijkt dat de omgeving zich in zes jaar tijd sterk heeft ontwikkeld, met name door het gebruik van tablets en smartphones met aanraakschermen. De toegang tot games is nu zo wijdverspreid dat minder mensen consoles gebruiken, die nu het domein zijn van een kleiner publiek van liefhebbers. Wat heeft de toekomst in petto voor dit innovatieve bedrijf?

SAMENVATTING

- Blue Ocean-strategie is een nieuw model van bedrijfs-beheer dat gericht is op prestaties.

- In een steeds concurrerender wereld putten bedrijven zichzelf uit in hun pogingen om de overhand te krijgen op hun concurrenten, wat heeft geleid tot een toenemend aantal faillissementen.

- Deze innovatieve strategie, getheoretiseerd door W. Chan Kim en Renée Mauborgne, professoren aan INSEAD, beschrijft hoe bedrijven zich kunnen bevrijden van de hevige concurrentie op de markten van de "rode oceaan" door op zoek te gaan naar markten van de "blauwe oceaan" waar zij zich (voor een tijdje) alleen kunnen ontwikkelen.

- Met de metafoor van rode oceanen (sectoren met sterke concurrentie) en blauwe oceanen (nichemarkten met weinig concurrentie) kunnen we de markt als geheel beschrijven.

- Omschakelen van een rode naar een blauwe oceaan gebeurt door waarde-innovatie, waardoor de gebruikswaarde voor de klant toeneemt en tegelijkertijd het economisch model van het bedrijf verbetert. Dit kan ook leiden tot een verlaging van de verkoopprijzen.

- Blue ocean-strategie is gebaseerd op het verschuiven van marktparameters, het heroverwegen van de waarden en overtuigingen van de onderneming en het aantrekken van klanten die voorheen onbekend waren met deze markt, door de methoden van positionering en distributie te veranderen.

- In perioden van financiële onzekerheid en grote bezorgdheid over bezuinigingen is het belangrijk rekening te houden met de financiële en technische risico's die aan de markt verbonden zijn. Het is voor de menselijke geest toch moeilijk om af te stappen van het bestaande om zich iets geheel nieuws voor te stellen, namelijk radicale nieuwe ideeën die economen ontwrichtende innovaties noemen. Het is dan ook onmogelijk te voorspellen hoe de consument zal reageren.

- Hoewel de strategie van de blauwe oceaan het belang van innovatie en marktcreatie benadrukt, die in de huidige context zeer relevant zijn, verklaart zij ten slotte niet waarom zo weinig ondernemingen van deze aanpak gebruik maken. De meeste bedrijven werken toch alleen aan het optimaliseren van hun bestaande diensten en producten.

VERDER LEZEN

BIBLIOGRAFIE

Cazals, F. (2009) Stratégie Océan bleu de la Wii. *Stratégies innovantes.* [Online]. [Geraadpleegd op 23 mei 2014]. Beschikbaar via Internet Archive: < http://cazals.fr/strategie-ocean-bleu-de-la-wii/>

Déméter et Kotler. (2012) *Océan bleu et océan rouge.* [Online]. [Geraadpleegd op 23 mei 2014]. Beschikbaar op: < http://demeteretkotler.com/2012/07/11/ocean-bleu-ocean-rouge/>

Website van het *INSEAD Blue Ocean Strategy Institute.* http://www.insead.edu/blueoceanstrategyinstitute/home/index.cfm

Kim, W. C. en Mauborgne, R. (2015) *Blue Ocean Strategy: How to Create Uncontested Market Space and Make the Competition Irrelevant.* Brighton, Massachusetts: Harvard Business Publishing.

Kotler, P. en Keller, K. L. (2015) *Marketing Management.* Harlow, Essex: Pearson Education Limited.

Roland, O. (2010) Stratégie Océan Bleu. *Schriften om het leven te veranderen.* [Online]. [Geraadpleegd op 23 mei 2014]. Beschikbaar op: < http://www.des-livres-pour-changer-de-vie.fr/strategie-ocean-bleu/>

Sarazin, B. (2013) Pourquoi la méthode Blue Ocean ne suffit pas. *Le blog de l'innovation de rupture.* [Online]. [Geraadpleegd op 23 mei 2014]. Beschikbaar op: < http://

benoitsarazin.com/francais/2013/10/methode-blue-ocean-suffit-pas.html>

Tabatoni, P. (2005) *Innovation, désordre, progrès.* Parijs: Economica.

Timos, L., Ghoggal, M. en Poubady, B. (Geen datum) Analyse stratégique marketing: Nintendo Wii. *Laurent Timos.* [Online]. [Geraadpleegd op 23 mei 2014]. Beschikbaar op: < http://www.laurent-timos.esy.es/mes-projets/dut-src/>

*We horen graag van u! Laat
een reactie achter op jouw online bibliotheek
en deel je favoriete boeken op social media!*

Master ISBN: 9782808063791
Papier ISBN: 9782808064088
Wettelijk depot: D/2022/12603/53

Digitaal ontwerp: Primento,
de digitale partner van uitgevers.